© Copyright by Pamparam Kinderbücher. Bilder Feepik.com oder lizenziert für die kommerzielle Nutzung. Alle Rechte vorbehalten.

ICH SEHE WAS DU NICHT SIEHST UND DAS MIT DER BUCHSTABE A BEGINNT

ICH SEHE WAS DU NICHT SIEHST UND DAS MIT DER BUCHSTABE B BEGINNT

ICH SEHE WAS DU NICHT SIEHST UND DAS MIT DER BUCHSTABE F BEGINNT

Frosch!

ICH SEHE WAS DU NICHT SIEHST UND DAS MIT DER BUCHSTABE G BEGINNT

Gitarre!

ICH SEHE WAS DU NICHT SIEHST UND DAS MIT DER BUCHSTABE S BEGINNT

ICH SEHE WAS DU NICHT SIEHST UND DAS MIT DER BUCHSTABE L BEGINNT

ICH SEHE WAS DU NICHT SIEHST UND DAS MIT DER BUCHSTABE N BEGINNT

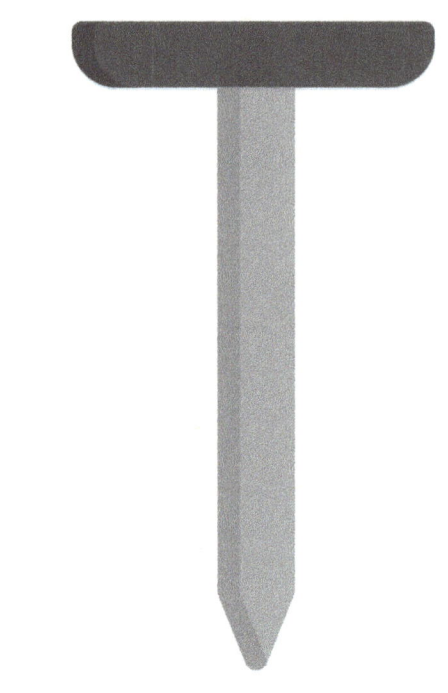

ug!

www.ingramcontent.com/pod-product-compliance
Lightning Source LLC
Chambersburg PA
CBHW061114070526
44583CB00027B/3295